Einsterns Schwester

leicht gemacht

2

Themenheft 2

Richtig schreiben

Herausgegeben von
Roland Bauer, Jutta Maurach

Erarbeitet von
Katrin Baudendistel, Daniela Dreier-Kuzuhara,
Martina Schramm, Alexandra Schwaighofer

Cornelsen

Inhaltsverzeichnis

So kannst du mit den Heften arbeiten

Du machst alle
Seiten der Lernportion 1.

Zuerst im
grünen Heft.

Dann im
roten Heft.

Dann im
gelben Heft.

Und dann im
blauen Heft.

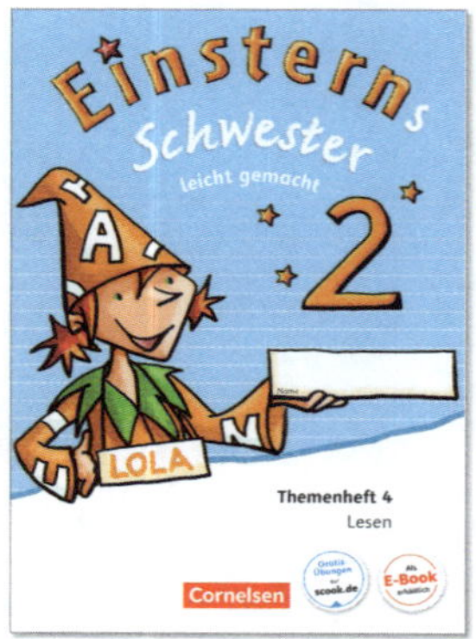

Danach machst du in
allen Heften die Lernportion 2.

Nun machst du in
allen Heften die Lernportion 3.

Genauso bearbeitest du
alle anderen Lernportionen.

1 Wörter und Silbenbögen zuordnen

1

2 Zeichne die Silbenbögen ein.

Tafel Schultasche Pinsel

Tisch Kalender Buch

1 Silben schwingen

1 Lies die Regel genau.

Silbenschwingen hilft beim richtigen Schreiben:
Tomate, Ananas.

2 Sprich, schwinge und schreibe die Nomen.
Zeichne die Silbenbögen ein.

Ananas

1 Silbenkerne kennenlernen

❶ Lies die Regel genau.

Jede Silbe hat einen **Silbenkern**:
- **a**, **e**, **i**, **o**, **u** (Selbstlaute),
- **ä**, **ö**, **ü** (Umlaute),
- **ei**, **eu**, **au** (Zwielaute).

❷ Zeichne die Silbenbögen ein.
Male die Silbenkerne gelb an.

- Blume
- Minute

- Hase

- Papagei
- Freunde
- Leiter

- Seife
- Ohr
- Salat

- Bücher
- Fledermaus
- Brot

1 Silbenkerne zuordnen und eintragen

1 Lies die Nomen und schwinge.
Verbinde.

Bauernhof	a e e
Kalender	au e o
Papagei	e e au
Fledermaus	a a e ei
Bananeneis	a a ei

2 Zeichne die Silbenbögen,
trage die Silbenkerne ein.

Baumhaus
au au

Gemüse

Käfer

Reiter

Seifenblase

Rakete

1 Ein Silbenspiel spielen

1 Lies die Anleitung. Spiele das Spiel.

Du brauchst: Spielsteine

Anleitung: Suche dir ein Kind. Nenne ein Nomen, das zum Thema **Schule** passt. Bestimme die Anzahl der Silben. Gehe mit deinem Stein um die Anzahl der Silben vor. Nun ist das andere Kind an der Reihe. Wer auf ein farbiges Feld kommt, rutscht die Leiter herunter. Wer ist zuerst am Ziel?

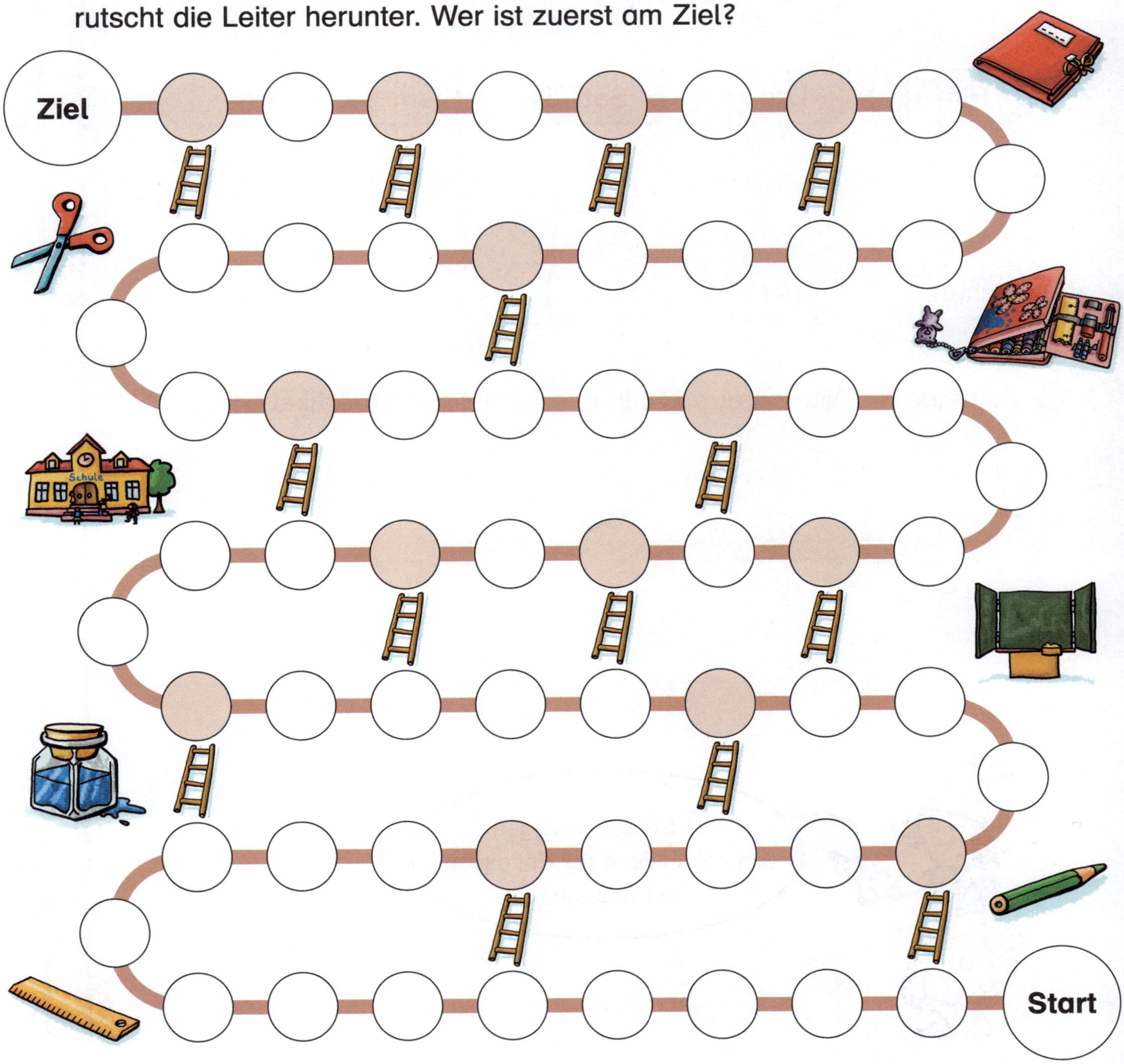

1 Wörter mit -el und -en untersuchen

❶ Verbinde die Bilder und Silben.

Him	Dra	Sat	Stem	Kno	Blu
chen	mel	ten	tel	men	pel

❷ Schreibe die Nomen aus ❶ mit ihrem bestimmten Artikel so auf.

STOPP

der Drachen.

lesen
Regen
Flügel

Wörter mit -er untersuchen

❶ Schreibe Nomen.
Zeichne die Silbenbögen ein.
Male die Silbenkerne gelb an.

Kin	Fe	Klei	Bru	der

Kinder,

Ka	Fens	Rei	Hams	ter

❷ Schreibe die Wörter ab.

Kalender	Körper	Winter	Tochter	Bilder	Computer

Kalender,

❸ Unterstreiche in ❷ immer **er**.

Computer
Käfer
unter

1 Reimwörter erkennen

1 Verbinde, was sich reimt.

Rakete	Topf	Tasse	Suppe
Kopf	Puppe	Tapete	Kasse

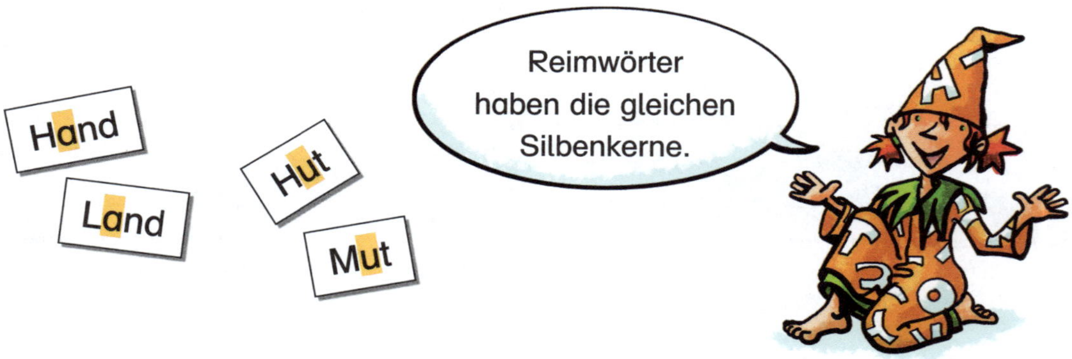

2 Schreibe die Reimwörter aus **1** zu den Silbenkernen.

a e e	o	a e	u e
Rakete			
T			

3 Male die Silbenkerne in **2** gelb an.
Zeichne die Silbenbögen ein.

2 Wörter mit Au/au schreiben

1 Lies die Regel genau.

Weil **au** aus zwei Lauten besteht,
ist **au** ein **Zwielaut**: Baum, Auge.

2 Lies die Wörter
mit **au** und **Au**.

3 Schreibe die Wörter aus **2** auf.

der Daumen, ✓

4 Unterstreiche bei den Wörtern in **3**
immer **au** und **Au**.

die Frau
braun
kaufen

2 Wörter mit Ei/ei schreiben

1 Lies die Regel genau.

Weil **ei** aus zwei Lauten besteht,
ist **ei** ein **Zwielaut**: Seil, Bein.

2 Lies und verbinde. Schreibe.

Lei	fen	
Rei	ter	die Leiter
Zei	fe	
Pfei	ger	
Ei	der	
Sei	se	
Klei	mer	
Mei	fe	

3 Unterstreiche bei den Wörtern in **2** immer **Ei** und **ei**.

das Kleid
schreiben
klein

2 Wörter mit Eu/eu schreiben

1 Lies die Regel genau.

Weil **eu** aus zwei Lauten besteht,
ist **eu** ein **Zwielaut**: Euro, neu.

2 Lies und verbinde. Schreibe und unterstreiche.

Eu	nis	____
Freun	ne	____
Scheu	ro	der Euro
Leu	de	____
Zeug	te	____

3 Setze **Eu/eu** oder **au** richtig ein. Lies die Wörter.

Euro	D___men	bl___	Z___gnis
Spielz___g	Str___ch	n___n	t___er
___le	B___le		
Z___n	T___be		

die Eule
die Freundin
neun

2 Wörter mit au, ei und eu schreiben

1

Papa	tut weh.
Lisas Beule	ist neunzig Jahre alt.
Ulis Oma	und Tim kaufen ein.
Imo	frisst eine Banane.
Der Lehrer	will keine Leine tragen.
Der kleine Affe	teilt Zeugnisse aus.

2 Schreibe drei Sätze aus 1 auf.

STOPP

3 Unterstreiche in 2 die Zwielaute **au**, **ei** und **eu**.

2 Wörter mit ch untersuchen

So schreibe ich ein Wort ab
1. Ich lese das Wort.
2. Ich spreche das Wort in Silben.
3. Ich schreibe das Wort Silbe für Silbe auf.
4. Ich vergleiche das Wort mit der Vorlage.
5. Ich verbessere das Wort, wenn nötig.

1 Schreibe die Wörter ab. Unterstreiche **ch**.

STOPP

das Mädchen | das Buch | acht | machen | rechnen | versuchen | die Woche | die Frucht

das Mädchen,

2

- Licht
- Sachen
- Drachen
- Gesicht
- kichern
- machen
- mich
- lachen
- …

die Frucht
versuchen
auch

2 Wörter mit ng und nk untersuchen

1

- Bank
- bringen
- krank
- Junge
- Stange
- dunkel
- eng
- trinken
- …

2 Setze die Wörter ein.

krank | Finger | ~~lang~~ | Ring | Onkel | Junge

Die Haare sind nicht kurz. Sie sind lang.

Wir haben fünf __________ an jeder Hand.

Anna hat Fieber. Sie ist __________.

Mein __________ trägt einen __________.

Der __________ spielt Ball.

der Junge
eng
trinken

3 Wörter mit Qu/qu schreiben

1

⚀	Quark	quietscht laut.	⚀
⚁	Tim	ist gesund.	⚁
⚂	Die Tür	quatscht im Unterricht.	⚂
⚃	Ein Frosch	sprudelt Wasser.	⚃
⚄	Eine Qualle	quakt am Teich.	⚄
⚅	Aus der Quelle	hat viele Fangarme.	⚅

2 Schreibe einige Sätze aus 1 auf.

STOPP

3 Unterstreiche in 2 immer **Qu** und **qu**.

die Qualle
der Quark
quaken

Wörter mit Sp/sp und St/st untersuchen

1 Setze ein und lies die Wörter.

Sp oder **sp**?

das Sp iel	___aren	die ___inne	___ucken
___ielen	der ___ort	der ___aß	der ___echt

St oder **st**?

___ehen	___reiten	der ___rand	der ___ein
___ecken	der ___ern	___oßen	der ___urm

2 Setzt die Wörter ein.
Lest abwechselnd Satz für Satz.

~~spielen~~ | streiten | Spaß | Spiel | spielen

Tom und Lisa spielen ein ___ am Computer.

Tom gewinnt. Lisa ist sauer und fängt an zu ___:

„Mit dir macht es gar keinen ___

zu ___!“, ruft sie.

die Stunde
stehen
still

3 Wörter mit x schreiben

M

❶ Kreise die sechs Nomen mit **x** ein. Suche nur so: ⟶

Axt

Hexe

Text

A	X	T	H	E	R	O	P	Z	B	N	X
X	D	W	Q	Ä	M	E	X	O	L	T	S
V	Z	T	U	P	E	X	L	X	Y	W	N
Ü	X	Y	L	**H**	E	X	E	B	G	M	A
I	O	Z	T	W	E	R	Q	T	A	P	I
M	Ä	P	**B**	O	X	E	R	G	R	E	P
Z	M	N	U	I	A	O	**T**	A	X	I	J
M	K	**T**	E	X	T	Y	A	M	N	B	U
R	**L**	E	X	I	K	O	N	V	B	N	M
R	A	O	Z	E	I	E	N	H	I	U	S

Boxer

Lexikon

Taxi

❷ Schreibe die Nomen mit **x** mit ihrem bestimmten Artikel auf.

die Axt,

❸ Unterstreiche in ❷ immer **x**.

die Hexe
das Lexikon
extra

3 Wörter mit V/v untersuchen

1 Lies die Wörter.

● Vogel		● Vulkan
	● Vater	
● Vampir		● Vase
	von	
● Klavier		voll
	● Kurve	
vier		● Verkehr
	● November	

2 Ordne die Wörter in die Tabelle ein.

V/v klingt wie in 	V/v klingt wie in 
der Vogel ✓	

3 Unterstreiche in 2 immer **V** und **v**.

3 Ein Partnerdiktat schreiben

1 Lies, wie ihr ein Partnerdiktat schreiben könnt.

So schreiben wir ein Partnerdiktat
1. Ich diktiere jedes Wort langsam und deutlich.
2. Danach kontrollieren wir gemeinsam Buchstabe für Buchstabe.
3. Zum Schluss tauschen wir die Rollen.

2 Erkläre einem Kind, wie man ein Partnerdiktat schreibt.

3 Nutzt die Wörter mit **V** und **v** von Seite 22 für ein Partnerdiktat.

der Vater
der November
vor

4 Ein Abc-Gedicht kennenlernen

1 Lies und setze die Wörter in das Abc-Gedicht ein.

A B C D E F G

Hausaufgaben tun nicht weh.

H I J K L M N O P

Auf dem Pudding tanzt ’ne ________.

Qu R S T U V W

Flöhe haben keinen ________.

X Y und Z

Oh Schreck, ein Elefant in meinem ________!

2 Lest euch gegenseitig das Gedicht vor.

4 Selbstlaute und Mitlaute kennenlernen

1 Lies die Regel genau.

Die Buchstaben, die beim Sprechen alleine klingen, heißen **Selbstlaute**:
a, **e**, **i**, **o**, **u**.
Die anderen Buchstaben heißen **Mitlaute**.

2 Lies die Wörter.

Uhr | Ofen | lesen | trinken | Abend | Indianer | immer

fehlen | uns | einer | Obst | und | kochen | allein

3 Unterstreiche die zehn Wörter, die mit einem Selbstlaut anfangen.

4 Schreibe alle Wörter aus 2 auf, die mit einem Selbstlaut anfangen.

Uhr,

5 Kreise die Tiere ein, die mit einem Selbstlaut anfangen.

4 Wörter verwandeln

1 Ergänze die Selbstlaute.

 Hase
 G ld

 Hose
 G ld

 K gel
 H nd

 K gel
 H nd

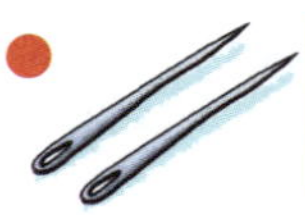 N deln
 Z nge

 N deln
 Z nge

 2

4 Selbstlaute erkennen

1 Kreise ein, was im rechten Bild fehlt.
Es sind sechs Dinge.

2 Lies die Wörter und kreise ein, was im rechten Bild fehlt.

Tuch	Messer	Wasser	Fisch	Segel
Knochen	Kanone	Affe	Flagge	Kette

3 Schreibe die eingekreisten Nomen aus 2 mit dem bestimmten Artikel auf.

STOPP

das Tuch,

4 Unterstreiche in den Nomen in 3 alle Selbstlaute.

5 Das Abc ergänzen

1 Ergänze die fehlenden Buchstaben.

A – B – C – D – ___ – F – ___

___ – I – J – ___ – L – ___ – N – ___ – P

Qu – ___ – ___ – T – ___ – V – ___

___ – Y – Z

2 Unterstreiche die Selbstlaute in **1**.

3

5 Das Abc üben

1 Schreibe immer drei Buchstaben richtig auf.

5 Nach dem ersten Buchstaben ordnen

1 Markiere die Anfangsbuchstaben der Namen im Abc.

a)

A **B** C **D** E F G H I J …

b)

… M N O P Qu R S T U V …

c)

A B C D E F G H I J K L M N O P Qu …

d)

… E F G H I J K L M N O P Qu R S T U V …

2 Schreibe die Namen nach dem Abc geordnet auf.

STOPP

a) Benjamin, ✓

b)

c)

d)

5 Nach dem zweiten Buchstaben ordnen

❶ Lies, was Lisa sagt.

Wenn der erste Buchstabe gleich ist, muss man nach dem zweiten Buchstaben ordnen. In der Wörterliste steht **Ampel** vor **Ast**.

❷ Unterstreiche in den Wörtern immer den zweiten Buchstaben.

Axt | Ampel | Ast

Ampel, ✓

Hut | Herd | Hals

Schal | Sofa | See

❸ Ordne die Wörter in ❷ nach dem zweiten Buchstaben.

STOPP

5 Mit der Wörterliste umgehen

1 Suche die Wörter in der Wörterliste.
Schreibe die Wörter auf.

das **Auto,** die Autos
die **Axt,** die Äxte ⚡

B b

backen
baden
der **Ball,** die Bälle ⚡
die **Banane,** die Bananen
die **Bank,** die Bänke ⚡

Wie heißt

a) das erste Wort beim Buchstaben **B**? backen ✓

b) das erste Wort beim Buchstaben **F**?

c) das zweite Wort beim Buchstaben **D**?

d) das dritte Wort beim Buchstaben **G**?

e) das letzte Wort beim Buchstaben **O**?

2

5 Wörter in der Wörterliste finden

1 Suche die Wörter zu den Bildern in der Wörterliste.
Schreibe die Wörter auf.
Notiere die Seitenzahl.

S. 58

das Fahrrad

S.

S.

S.

2 Schreibe die gesuchten Wörter aus der Wörterliste ab.

STOPP

Welches Wort steht **über** dem Wort?

Cent		
Computer	Hammer	Quark

Welches Wort steht **unter** dem Wort?

vielleicht	ganz	wissen

6 Lange und kurze Selbstlaute unterscheiden

1 Sprich die Wörter.
Setze unter einen kurzen Selbstlaut einen Punkt (.).
Setze unter einen langen Selbstlaut einen Strich (_).

Tisch

Brot

Kran

Bett

Buch

Hund

Schiff

Bild

Hut

Zug

6 Wörter mit langem oder kurzem Selbstlaut schreiben

1 Ordne die Wörter von Seite 34 in die Tabelle ein.

langer Selbstlaut	kurzer Selbstlaut
das Brot ✓	

2 Unterstreiche die langen Selbstlaute, setze Punkte unter die kurzen Selbstlaute.

3 Ergänzt die Tabelle mit eigenen Wörtern. Nutzt die Wörterliste.

langer Selbstlaut	kurzer Selbstlaut

6 Wörter mit ie kennenlernen

1 Lies die Regel genau.

Ein **lang gesprochenes i** schreibe ich fast immer **ie**:
Brief, viel, Liebe.

2 Trage Striche zwischen den Wörtern ein.

Z i e l | L i e b e S i e b B r i e f v i e l T i e r

3 Schreibe die Wörter aus 2 auf.

Ziel, ✓

4 Unterstreiche bei den Wörtern in 3 **ie**.

5 Setze die Wörter passend ein. Unterstreiche **ie**.

Bienen	~~Riese~~	Brief	riesige	vier

Ein Riese ✓ ist groß und hat ________ Füße.

________ können stechen.

Autos haben ________ Räder.

Lisa schreibt ihrer Oma einen ________.

der Brief
das Tier
dieser

6 Wörter mit kurzem i schreiben

1 Kreise die sechs Nomen mit kurzem **i** ein. Suche nur so: ⟶

Blitz

Milch

Brille

B	I	Z	U	T	E	**B**	L	I	T	Z	K
L	R	I	K	S	E	N	K	J	W	Q	C
L	I	**B**	R	I	L	L	E	F	F	M	N
F	I	N	G	E	R	K	I	S	V	O	E
I	G	E	S	C	H	W	**B**	I	L	D	N
Q	I	C	P	T	M	I	K	E	L	D	E
B	I	B	**M**	I	L	C	H	N	I	S	P
H	G	A	W	I	T	T	O	R	X	I	B
P	**F**	I	S	C	H	P	I	T	R	E	S
P	E	W	I	W	N	E	N	K	I	P	S

Finger

Bild

Fisch

2 Schreibe die Nomen aus **1** mit ihrem bestimmten Artikel auf.

der Blitz, ✓

3 Setze in **2** immer einen Punkt unter das kurze **i**.

das Bild
der Fisch
der Himmel

6 Wörter mit ie und kurzem i vervollständigen

1 Ergänze **ie** oder **i**.

der Br ie f

das B___ld

die B___ne

die Sp___nne

die Br___lle

der R___ng

der F___nger

das S___b

der St___ft

2 Kreise die Bilder mit kurzem **i**-Laut ein.

3 Schreibe die Wörter mit kurzem **i**-Laut aus **2** auf.
Setze unter das kurze **i** einen Punkt.

Stift,

6 Den doppelten Mitlaut kennenlernen

1 Lies die Regel genau.

Vor einem **doppelten Mitlaut** steht immer
ein **kurzer Selbstlaut**: Zimmer, Kissen.

2 Setze einen Punkt unter den kurzen Selbstlaut.
Unterstreiche den doppelten Mitlaut.

Zimmer	kann	Betten
Essen	Kissen	Mutter

3 Setzt die Wörter aus 2 ein.

Lisa und Tim toben auf den Betten

und werfen mit ______ .

Die Mutter ruft beide zum ______ .

Doch sie kommen nicht.

Die ______ kommt in

das ______ und sagt:

„Hey, ______ ich mitmachen?“

das Zimmer
bitten
flüssig

4 Lest euch gegenseitig die Geschichte vor.

6 Wörter mit doppeltem Mitlaut trennen

❶ Lies die Regel genau.

Wörter mit doppeltem Mitlaut trenne ich so:
Schlit-ten, sol-len, las-sen.

❷ Trenne die Wörter mit einem Strich.
Schreibe sie getrennt auf.

kön|nen	kennen	Klasse
kön nen		
Teller	wissen	wollen
Schlitten	Waffel	lassen

❸

6 Wörter mit ck schreiben

1 Lies und verbinde die Reimwörter mit **ck**.

Socken	Wecker	Decke	Mücke	Röcke
Brücke	Glocken	Stöcke	Stecker	Hecke

2 Schreibe die Wörter mit **ck** richtig auf.
Notiere zu den Nomen auch den Artikel.

STOPP

- Rö✶e — die Röcke ✓

- Brü✶e

- He✶e
- Zu✶er

- Ho✶er

- So✶en

- ba✶en
- dre✶ig

3 Setze in **2** einen Punkt unter den kurzen Selbstlaut.
Unterstreiche **ck**.

die Hecke
der Rock
der Rücken

6 Wörter mit tz schreiben

So schreibe ich ein Schleichdiktat
1. Ich lege den Text an eine Stelle und merke mir einen Satz.
2. Ich gehe an meinen Platz zurück und schreibe den Satz auf.
3. Ich schreibe alle Sätze genauso auf.
4. Ich hole den Text und kontrolliere ihn Wort für Wort.
5. Ich verbessere die Fehler.

1 Schreibe die Wörter mit **tz**.

Toms Ka e ist noch klein.

Aber ihre Ta en haben scharfe Krallen.

Manchmal kämpft sie mit Toms Mü e.

Das sieht wi ig aus.

Ihr Pla ist Toms Bett.

Katze

2 Setze in 1 einen Punkt unter den kurzen Selbstlaut. Unterstreiche **tz**.

3 Schreibe den Text von Aufgabe 1 als Schleichdiktat.

die Katze
der Platz
sitzen

7 Umlaute kennenlernen

1 Lies die Regel genau.

Aus den Selbstlauten **a**, **o** und **u** können **ä**, **ö** und **ü** werden.
Man nennt **ä**, **ö** und **ü** auch **Umlaute**:
Ball – Bälle, Kopf – Köpfe, Buch – Bücher.

2 Schreibe die Wörter in der Einzahl und Mehrzahl mit Artikel auf.

 das Buch | die Bücher 

 | 

 | 

 | 

 | 

 | 

3 Unterstreiche in 2 **a**, **o**, **u** und die Umlaute **ä**, **ö**, **ü**.

In der **Verkleinerungsform** gibt es auch Umlaute:
ein kleines H**ü**nd**chen**,
ein kleines Bl**ü**m**chen**, …

7 Nomen mit ä ableiten

1 Lies die Regel genau.

Ableiten
Ich schreibe ein Wort mit **ä**,
wenn ich es von einem Wort mit **a** ableiten kann:
Hände ↯ Hand, Bälle ↯ Ball.

2 Ergänze **ä** und **a**.

die Z<u>ä</u>hne	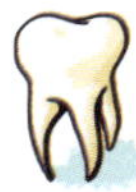 der Z___hn
die R___der	 das R___d
die B___lle	 der B___ll

3

Äpfel schreibe ich mit **Ä**, weil ich es von **Apfel** ableiten kann.

die Bälle ↯ der Ball
die Hände ↯ die Hand
die Gräser ↯ das Gras

7 Nomen mit äu ableiten

↯

1 Lies die Regel genau.

Ableiten ↯
Ich schreibe ein Wort mit **äu**, wenn ich es von einem Wort mit **au** ableiten kann:
Bäume ↯ Baum, Mäuse ↯ Maus.

2 Schreibe zu jedem **äu**-Wort das **au**-Wort, von dem du ableiten kannst.

die Bäume	↯	der Baum
die Mäuse	↯	
die Zäune	↯	
die Läuse	↯	
die Häuser	↯	

3 Unterstreiche in 2 **äu** und **au**.

4

die Bäume ↯ der Baum
die Häuser ↯ das Haus
die Mäuse ↯ die Maus

7 Nomen mit d und t verlängern

1 Lies die Regel genau.

Verlängern
Manchmal hören sich **d** und **t** am Ende gleich an.
Beim Verlängern höre ich, was ich schreiben muss:
Hund ↪ Hunde, Brot ↪ Brote.

2 Verlängere zuerst die Wörter.
Ergänze die Tabelle.
Unterstreiche **d** oder **t**.

d oder **t** ↪	Mehrzahl	Einzahl
das Bro	die Brote	das Brot

d oder **t** ↪	Mehrzahl	Einzahl
das Kin		

d oder **t** ↪	Mehrzahl	Einzahl
das Ra		

d oder **t** ↪	Mehrzahl	Einzahl
das Klei		

7 Nomen mit g und k verlängern

↝

1 Lies die Regel genau.

Verlängern ↝

Manchmal hören sich **g** und **k** am Ende gleich an.
Beim Verlängern höre ich, was ich schreiben muss:
Weg ↝ Wege, Bank ↝ Bänke.

2 Verlängere zuerst die Wörter.
Ergänze die Tabelle.
Unterstreiche **g** oder **k**.

g oder **k**	↝ Mehrzahl	Einzahl
der Zu	die Züge	der Zug
der We		
der Köni		
der Ber		
die Ban		

der Berg ↝ die Berge
der Weg ↝ die Wege
der Tag ↝ die Tage

8 Wortfamilien kennenlernen

1 Lies die Regel genau.

Der **Wortstamm** hilft, Wörter einer **Wortfamilie** richtig zu schreiben:
Spielzeug, Spieler, spielen.

2 Lies die Wörter.

spielen Freund verspielt

befreundet spielerisch Spieler

anfreunden Spielzeug Freundin

Freunde Spielerin freundlich

3 Markiere die Wortstämme **spiel** und **freund** mit zwei Farben.

Der **Wortstamm** eines Wortes ist der Teil, der immer gleich bleibt.

4 Kreuze zwei Sätze an, die stimmen.

- ◯ Eine Wortfamilie hat viele Kinder.
- ◯ Eine Wortfamilie hat denselben Wortstamm.
- ◯ Eine Wortfamilie besteht nur aus Nomen.
- ◯ Der Wortstamm ist immer gleich.
- ◯ Alle Wortstämme reimen sich.

5 Schreibe die Wörter mit den Wortstämmen **spiel** und **freund** von Seite 48 in die Tabelle.

Wortstamm **spiel**	Wortstamm **freund**
spielen ✓	

6 Unterstreiche in 5 die Wortstämme.

7

8 Wortstämme zuordnen

1 Schreibe die Wörter mit **geh** und **seh** in die Tabelle.

sehen | ~~Gehstock~~ | Sehtest | Fernseher | Gehweg | ansehen | gehen | weggehen

Wortstamm **geh**	Wortstamm **seh**
Gehstock ✓	

2 Unterstreiche in **1** immer den Wortstamm.

3 Schreibe selbst passende Wörter zum Wortstamm.

Kochbuch — **koch** — ______

______ — **fahr** — ______

______ — **wohn** — ______

4 Unterstreiche in **3** die Wortstämme.

8 Mit Hilfe von Wortfamilien ableiten

1 Ergänze **ä** oder **äu**. Verbinde die Wortpaare.

J ä ger	laufen
B___cker	kaufen
L___ferin	fahren
R___tsel	jagen
F___hre	backen
Verk___ferin	raten

2 Schreibe die Wortpaare aus 1 auf.

Jäger ✓ ⚡ jagen ✓

___ ⚡ ___

___ ⚡ ___

___ ⚡ ___

___ ⚡ ___

___ ⚡ ___

3 Unterstreiche in 2 **ä** und **a** sowie **äu** und **au**.

9 Wörter mit doppeltem Selbstlaut schreiben

M

❶ Lies die Regel genau.

Merkwörter M
Manchmal gibt es keine Regeln,
um Wörter richtig zu schreiben.
Diese Wörter sind **Merkwörter**.

❷ Ergänze die Sätze.

STOPP

Zoo | ~~Tee~~ | Meer | leer | Haare | Schnee

Wenn man krank ist, soll man Tee trinken.

Menschen haben kein Fell, sondern ________ .

Dein Bauch knurrt, wenn er ________ ist.

Die Wale leben im ________ .

Wasser kann zu Eis und ________ werden.

Im ________ gibt es viele Tiere aus fernen Ländern.

❸ Unterstreiche in ❷ die doppelten Selbstlaute.

❹ Suche mit einem Kind in der Wörterliste
Wörter mit doppeltem Selbstlaut.
Lest euch die Wörter gegenseitig vor.

der Tee M
die Haare M
der Schnee M

9 Wörter mit ß schreiben

M

1 Schreibe die Wörter mit ß passend zu den Bildern.

Fußball | ~~heiß~~ | Strauß | Großeltern | Fuß | Straße

 heiß ✓ Seite 59

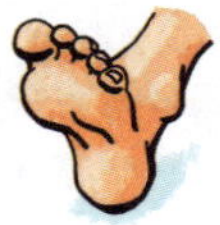 der Seite

 Seite

 Seite

 Seite

 Seite

2 Suche die Wörter aus 1 in der Wörterliste.
Notiere die Seitenzahlen.

3

der Fuß M
groß M
grüßen M

9 Wochentage schreiben

1 Schreibe die Tage der Reihe nach auf.

STOPP

Montag	Mittwoch	Freitag	Samstag
Dienstag	Sonntag	Donnerstag	

1 Montag ✓

2

3

4

5

6

7

2 Markiere in 1 Stellen, die für dich schwierig sind.

3

9 Die Namen der Monate schreiben

1 Schreibe die Monate der Reihe nach auf.

Januar	April	März	August
Oktober	September	Juni	Februar
Mai	Juli	Dezember	November

1 Januar ✓

2

3

4

5

6

7

8

9

10

11

12

9 Zahlwörter üben

1 Schreibe zu jeder Zahl das passende Zahlwort.

eins	~~null~~	sieben	fünfzig	neunzig
vierzig	sechs	zwanzig	zwei	acht
drei	einhundert	zehn	achtzig	sechzig
dreißig	neun	siebzig	vier	fünf

0	null ✓	7		50	
1		8		60	
2		9		70	
3		10		80	
4		20		90	
5		30		100	
6		40			

A a

der **Abend,** die Abende ↪
acht
alles
die **Ampel,** die Ampeln
antworten
der **Apfel,** die Äpfel ⚡
der **April**
arbeiten
der **Arm,** die Arme
der **Ast,** die Äste ⚡
auch
auf
das **Auge,** die Augen
der **August**
das **Auto,** die Autos
die **Axt,** die Äxte ⚡

B b

backen
baden
der **Ball,** die Bälle ⚡
die **Banane,** die Bananen
die **Bank,** die Bänke ⚡
der **Bauch,** die Bäuche ⚡
bauen
der **Baum,** die Bäume ⚡
das **Bein,** die Beine
der **Berg,** die Berge ↪
bewegen
bezahlen
die **Biene,** die Bienen
das **Bild,** die Bilder ↪
die **Birne,** die Birnen
bitten
das **Blatt,** die Blätter ⚡
blühen
die **Blume,** die Blumen
der **Blumentopf,** die Blumentöpfe
die **Blüte,** die Blüten
der **Boden,** die Böden
das **Boot,** die Boote M
der **Boxer,** die Boxer
braun
der **Brief,** die Briefe
die **Brille,** die Brillen
bringen
das **Brot,** die Brote ↪
der **Bruder,** die Brüder
das **Buch,** die Bücher
der **Busch,** die Büsche

C c

der **Cent,** die Cents
der **Computer,** die Computer

D d 

danken
denken
der **Dezember**
der **Dieb**, die Diebe ↪
der **Dienstag**
diese, dieser
der **Donnerstag**
drei
du
dunkel
der **Durst**

E e  

das **Ei**, die Eier
das **Eichhörnchen**, die Eichhörnchen
eins
elf
die **Eltern**
endlich
eng
die **Ente**, die Enten
die **Erde**
essen
die **Eule**, die Eulen
der **Euro**, die Euros
extra

F f 

fahren
das **Fahrrad**, die Fahrräder ϟ
fallen
die **Familie**, die Familien
fangen
der **Februar**
die **Feier**, die Feiern
feiern
fein
das **Feld**, die Felder ↪
der **Finger**, die Finger
der **Fisch**, die Fische
die **Fledermaus**, die Fledermäuse ϟ
fliegen
der **Flügel**, die Flügel
flüssig
fragen
die **Frau**, die Frauen
der **Freitag**
freuen
der **Freund**, die Freunde ↪
die **Frucht**, die Früchte ↪
der **Frühling**
frühstücken
füllen
fünf
der **Fuß**, die Füße M
der **Fußball**, die Fußbälle ϟ

G g 

ganz
geben
gehen
das **Geld**
das **Gesicht**, die Gesichter [↪]
gestern
das **Gras**, die Gräser [↯]
groß [M]
die **Großeltern** [M]
grüßen [M]
die **Gurke**, die Gurken

H h 

das **Haar**, die Haare [M]
der **Hammer**, die Hämmer [↯]
die **Hand**, die Hände [↯]
hart
der **Hase**, die Hasen
das **Haus**, die Häuser [↯]
die **Haut**, die Häute [↯]
die **Hecke**, die Hecken
das **Heft**, die Hefte [↪]
heiß [M]
helfen
hell
der **Herbst**
heute
die **Hexe**, die Hexen
hier
der **Himmel**, die Himmel
die **Hose**, die Hosen
der **Hund**, die Hunde [↪]
hundert
der **Hut**, die Hüte [↪]

I i  

der **Igel**, die Igel
ihm

J j 

jagen
der **Januar**
der **Juli**
der **Junge**, die Jungen
der **Juni**

K k 

der **Käfer**, die Käfer
der **Kalender**, die Kalender
die **Katze**, die Katzen
kaufen
das **Kind**, die Kinder [↪]
die **Klasse**, die Klassen
das **Kleid**, die Kleider [↪]

klein
kochen
kommen
der **König**, die Könige
können
der **Kopf**, die Köpfe
der **Korb**, die Körbe ↪
der **Körper**, die Körper

L l

laufen
leer M
leicht
die **Leiter**, die Leitern
lesen
das **Lexikon**, die Lexika
das **Licht**, die Lichter ↪
die **Liebe**
der **Löffel**, die Löffel

M m

machen
das **Mädchen**, die Mädchen
der **Mai**
malen
der **Mann**, die Männer ↯
die **Marmelade**, die Marmeladen
der **März**
die **Mauer**, die Mauern
die **Maus**, die Mäuse ↯
das **Meer**, die Meere M
mehr
die **Melone**, die Melonen
das **Messer**, die Messer
mich
die **Milch**
die **Minute**, die Minuten
der **Mittwoch**
der **Mond**, die Monde ↪
der **Montag**
morgen
der **Mund**, die Münder ↪
die **Musik**
müssen
die **Mutter**, die Mütter

N n

die **Nacht**, die Nächte ↯
die **Nase**, die Nasen
der **Nebel**, die Nebel
nehmen
neu
neun
der **November**
die **Nuss**, die Nüsse

O o

das **Obst**
ohne
das **Ohr,** die Ohren
der **Oktober**
der **Onkel,** die Onkel
Ostern

P p

der **Papagei,** die Papageien
das **Papier,** die Papiere
die **Paprika,** die Paprikas
das **Pferd,** die Pferde ↪
pflanzen
pflegen
der **Pinsel,** die Pinsel
der **Platz,** die Plätze
probieren
die **Puppe,** die Puppen

Qu qu

quaken
die **Qualle,** die Quallen
der **Quark**
quatschen
quietschen

R r

das **Rad,** die Räder ↪
raten
die **Raupe,** die Raupen
rechnen
der **Regen**
der **Regenwurm,** die Regenwürmer
reich
der **Ring,** die Ringe
der **Rock,** die Röcke
rot
der **Rücken,** die Rücken

S s

sagen
die **Salami,** die Salamis
der **Salat,** die Salate ↪
der **Samstag**
der **Sand**
der **Satz,** die Sätze
schauen
die **Schere,** die Scheren
schlafen
schlagen
der **Schlauch,** die Schläuche ϟ
der **Schnee** M
schnell

die **Schokolade**
schreiben
der **Schuh,** die Schuhe
die **Schule,** die Schulen
die **Schultasche,** die Schultaschen
schwarz
die **Schwester,** die Schwestern
sechs
sehen
sehr
die **Seife,** die Seifen
seine, seiner
die **Sekunde,** die Sekunden
selbst
der **September**
sieben
singen
sitzen
das **Sofa,** die Sofas
der **Sohn,** die Söhne
sollen
der **Sommer**
die **Sonne**
der **Sonntag**
der **Spaziergang,** die Spaziergänge
spielen
das **Spielzeug,** die Spielzeuge
der **Sport**
springen
die **Stange,** die Stangen
stecken
stehen
stellen
der **Stern,** die Sterne
der **Stift,** die Stifte
still
die **Straße,** die Straßen M
der **Strauch,** die Sträucher
der **Strauß,** die Sträuße
die **Stunde,** die Stunden

T t

die **Tafel,** die Tafeln
der **Tag,** die Tage
die **Tasche,** die Taschen
das **Taxi,** die Taxis
der **Tee,** die Tees M
das **Telefon,** die Telefone
teuer
der **Text,** die Texte
das **Tier,** die Tiere
der **Tisch,** die Tische
die **Tochter,** die Töchter
der **Topf,** die Töpfe
tragen
trinken
turnen

U u

die **Uhr**, die Uhren
und
uns
unter

V v

der **Vater**, die Väter [M]
der **Verkehr** [M]
versuchen [M]
viel [M]
vielleicht [M]
vier [M]
der **Vogel**, die Vögel [M]
von [M]
vor [M]

W w

warm
waschen
der **Weg**, die Wege [↪]
Weihnachten
weiß [M]
welche
das **Wetter**
wieder
der **Winter**
wissen
der **Witz**, die Witze
die **Woche**, die Wochen
wohnen
wollen
wünschen

Z z

die **Zahl**, die Zahlen
der **Zahn**, die Zähne [⚡]
der **Zaun**, die Zäune [⚡]
zehn
zeigen
die **Zeit**, die Zeiten [↪]
das **Zeugnis**, die Zeugnisse
ziehen
das **Zimmer**, die Zimmer
die **Zitrone**, die Zitronen
der **Zoo**, die Zoos [M]
der **Zucker**
der **Zug**, die Züge [↪]
zum, zur
zusammen
zwei
der **Zwerg**, die Zwerge [↪]
die **Zwiebel**, die Zwiebeln
zwölf

Einsterns Schwester 2 leicht gemacht

Themenheft 2
Richtig schreiben

Herausgegeben von: Roland Bauer, Jutta Maurach

Erarbeitet von: Katrin Baudendistel, Daniela Dreier-Kuzuhara, Martina Schramm, Alexandra Schwaighofer

Fachliche Beratung exekutive Funktionen: Dr. Sabine Kubesch, INSTITUT BILDUNG plus, im Auftrag des ZNL Transfer Zentrum für Neurowissenschaften und Lernen, Ulm

Redaktion: Martina Schramm, Sabine Gerber

Illustration: Yo Rühmer, Frankfurt am Main

Umschlaggestaltung: Cornelia Gründer, agentur corngreen, Leipzig

Layout und technische Umsetzung: lernsatz.de

fex

fex steht für *Förderung exekutiver Funktionen*. Hierbei werden neueste Erkenntnisse der kognitiven Neurowissenschaft zum spielerischen Training exekutiver Funktionen für die Praxis nutzbar gemacht. **fex** wurde vom **ZNL TransferZentrum für Neurowissenschaften und Lernen** *(www.znl-ulm.de)* an der Universität Ulm gemeinsam mit der **Wehrfritz GmbH** *(www.wehrfritz.com)* ins Leben gerufen. Der Cornelsen Verlag hat in Kooperation mit dem ZNL ein Konzept für die Förderung exekutiver Funktionen im Unterrichtswerk *Einsterns Schwester* entwickelt.

www.cornelsen.de

1. Auflage, 3. Druck 2019

Alle Drucke dieser Auflage sind inhaltlich unverändert
und können im Unterricht nebeneinander verwendet werden.

Druck: Parzeller print & media GmbH & Co. KG, Fulda

ISBN 978-3-06-084279-7

Dieses Heft ist Bestandteil des Pakets „Einsterns Schwester 2 leicht gemacht" (ISBN 978-3-06-084277-3) und kann auch einzeln bestellt werden.
Das Paket ist auch als E-Book erhältlich (ISBN 978-3-06-084297-1).

PEFC
PEFC/04-31-1308

PEFC zertifiziert
Dieses Produkt stammt aus nachhaltig bewirtschafteten Wäldern und kontrollierten Quellen.
www.pefc.de